Nubia León

El Amor Pudo Con La Adrenoleucodistrofia

Nubia León

El Amor Pudo Con La Adrenoleucodistrofia

Primera Edición

JustFiction Edition

Imprint

Cover image: www.ingimage.com

Publisher:
JustFiction! Edition
is a trademark of
International Book Market Service Ltd., member of OmniScriptum Publishing Group
17 Meldrum Street, Beau Bassin 71504, Mauritius

Printed at: see last page
ISBN: 978-620-0-11146-3

Mi historia ...

Yo era una Mujer, sencilla, trabajadora, casada, agradecida con la vida que tenía.

Afortunada de tener cuatro preciosos hijos, tres niñas y un niño.

Al convertirme en madre, me llene de motivos para aferrarme a la vida y para querer ser cada día mejor gracias al privilegio de ser madre.

Para mí era la principal labor y lo más importante de mi vida, ver crecer a mis hijos, era la fortuna más grande que podía tener.

Mis Hijos eran el motor de mi vida, mis días eran llenos de aventuras y retos gracias a ellos.

cada uno con sus cualidades, con sus diferentes gustos, con sus diferentes opiniones, disfrutaba verlos como crecían siendo personas independientes, alegres, responsables, todos estudiaban, eran muy unidos, divertidos, todos con sueños, con ilusiones…

Yo les enseñe que debían siempre Amar a Dios.

Éramos una familia normal.

Les voy a Narrar una la historia que cambió nuestras vidas pero que nos enseñó, a darnos cuenta, y valorar lo que realmente significa El Amor.

El Amor

es el sentimiento tan importante, es el sentimiento más grande, más fuerte, Que tenemos dentro de nosotros,

El Amor nos puede ayudar a levantarnos de una caída, nos puede ayudar a sonreír con un triunfo.

El Amor es útil y muy valioso.

El Amor simplemente sin darnos cuenta nos puede acompañar y nos puede ayudar a superar, todo…

aun el dolor que nos puedan querer destruir.

Gracias al Amor les puedo Hoy compartir mi historia, sin el Amor nunca hubiera podido, pasar esta experiencia y poder seguir adelante dándole gracias a Dios.

Es así como....

Inicia en octubre del 2015 cuando, Juan Carlos, el cuarto de mis hijos y el único Hombre, de 10 años, A quien llamo Charlie así lo citaré en todo el texto.

Charlie era una Niño muy independiente ordenado, muy responsable, lleno de detalles, de cariños.

era muy atento, decente, agradecido, era muy activo, Deportista, alegre, le gustaba bailar y era sociable.

era muy divertido y nos hacía bromas a todos, buen estudiante estaba en quinto de primaria,

Él tenía tantos detalles como el madrugar arreglarse rápido para llegar a la Cocina y acompañarme.

me decía "mamita me gusta pasar tiempo contigo".

Un día se enfermó de una gripe muy fuerte y yo entré al cuarto y le limpié todo y él Me dijo

"mamita que pena contigo yo ponerte en todo esto"

Así era Charlie, mi Hermoso Hijo, me besaba, me abrasaba, me consentía, era tan agradecido con todo.

Pero lo más bello de todo era el AMOR de mi Charlie.

Él tenía tantas demostraciones de amor en todo lo que hacía y con todas las personas que conocía él quería ayudar, defender trataba de comprender a todos y siempre buscaba conseguir una sonrisa de con quien estaba.

Amaba jugar Fútbol, era muy aficionado se veía todos los partidos, conocía a los jugadores, que edad tenían, cuánto ganaban, en qué posición estaban, todo.

Charlie soñaba que iba hacer un gran futbolista y que el jugaría en un equipo europeo.

Cada año Él quería celebrar su cumpleaños, era un gran acontecimiento.

Le gustaba celebrar su cumpleaños con muchos invitados se divertía planeando sus fiestas de cumpleaños, y poder compartir con todos sus amigos, y se divertía mucho.

De un momento a otro me empieza manifestar que no escuchaba.

empezamos a ver cambios en su comportamiento como el de alejarse, como el querer estar solo ,el no arreglar su cuarto ,se desmotiva mucho, se perdía en el colegio, no quería escribir.

yo pensaba que todo esto se debía a su pre adolescencia y no le preste mucha atención.

En enero del 2016,

Me dice que no quiere jugar más fútbol, llora porque yo lo llevo a jugar fútbol.

fue así como ya me preocupo mucho la situación yo pensé que tenía que ver algo con psicología, con algo de su edad.

Lo llevé al control normales de cada año, al Pediatra y fue así como la doctora mirando su tabla de crecimiento nota que se había detenido su crecimiento, nota que está muy diferente en su comportamiento.

Charlie parecía un niño, tímido, retraído, rígido, todo lo contraria al Charlie que conocíamos.

La Pediatra da una lista de de exámenes para que le realizan, quería que le revisaran Los Ojos, Los Oídos, La Sangre yo muy juiciosa lo llevé a todo.

El optómetra me dejo: este niño no es el mismo niño que yo vi hace seis meses ,Que había tenido su ultimo control, lo noto muy diferente, me dijo, no quiero asustarlos, pero si es de ponerle cuidado.

Así fue como también el Otorrino, no encontró nada, pero me dijo yo de ser usted, me preocuparía, porque no es normal lo que está sucediendo, pero yo lo encuentro bien, de los oídos.

Los exámenes de laboratorio también se le realizaron,

Pero todos los resultados eran normales.

Inicia clases estaba en sexto de Bachillerato, Charlie muy feliz porque ya entraba a bachillerato.

A Charlie le gustaba tanto el colegio , estaban este colegio desde el jardín entonces tenía muchos amigos y compartía mucho con todos los niños, él era muy feliz en su colegio.

Un día Llegaba del colegio llorando me contaba que se perdía, que no conocía bien los salones, el colegios es campestre cada clase eran un salón .

pero para él eso no era nuevo porque siempre estuvo en el mismo colegio.

Charlie siempre fue muy ordenado, y me contó que se le perdió la Cartuchera, estaba muy triste.

Entonces me preocupe mucho. todo esto que está pasando empezó alejarse entonces se iba a su cuarto, quería estar solito, lo cual no era normal porque le gusta siempre estar con sus hermanas, con su papá o conmigo.

Por eso yo pensaba que era algo psicológico algo que le estaba sucediendo, algo pasajero.

la pediatra revisó los exámenes y vio que todos salieron totalmente normales.

pero ella continuaba viendo cambios en el Charlie.

fue así como lo remitió al especialista en Genética cuando lo llevamos donde el doctor de Genética a él le dio risa y dijo todos los casos me los mandan a mí,

que le pasó muchacho que le hicieron porque está así yo lo veo completamente normal.

yo no le veo nada nos respondió el médico, salimos nosotros, pero muy confundidos porque no sabíamos cómo poder ayudar a Charlie para que él pudiera sentirse mejor.

Lo que para mi era lo más importante darle confianza, seguridad apoyo y muchísimo Amor.

Yo lo animaba y lo trataba de tranquilizar pero sin un diagnóstico estábamos como en el aire.

En su colegio nos apoyaban tanto, les pidieron a sus compañeros hacer un grupo para acompañarlo y no dejarlo solo nunca, porque él se perdía, mientras cambiaba de salón se le perdían sus útiles y esto lo deprimía mucho,.

Él se preocupaba y me contaba cuando llegaba a la casa y no sabíamos cómo poder ayudar lo.

Sin ningún resultado continuaban en los exámenes y las investigaciones para saber para identificar un diagnóstico .

Volvimos a tener control con Genética y fue así como yo le expliqué a la Doctora que no era el mismo niño de antes que él está totalmente cambiado que por favor lo revisara bien porque no era que él fuera tímido no era como siempre que su comportamiento estaba cambiando mucho.

La doctora nos dijo vamos hacerle una Resonancia Magnética Y el resultado de la resonancia magnética fue finalmente el Diagnóstico.

El 4 de junio de 2016

Nos remitieron a neurología y la Doctora leyó el resultado de la Resonancia Magnética y nos dijo alguien más ha leído este examen, nosotros le dijimos no, no entendíamos que decía el examen.

fue así como ella nos miró y pidió que una enfermera sacar al niño y lo llevo a colorear mientras, la Neuróloga se quedaba a solas con el papá y conmigo.

Por fin tenemos el diagnóstico, Charlie padecía de:

“ADRENOLEUCODISTROFIA ligada la X “enfermedad terminal.

Cuando mencionan esa terrible palabra ADRENOLEUCODISTROFIA……….

Quede sin palabras no sabía de qué me hablaban, nunca había escuchado esa palabra fue así como la Doctora, una eminencia en el tema , muy dulce, llena de cariño y de paciencia nos trataba de explicar ,pero mi mente estaba confundida estaba en blanco .

Charlie estaba afuera del consultorio.

La Neuróloga me pidió que estudiara que viera la película “aceite para Lorenzo” que investigara que buscar ayuda nivel internacional, ella me dio mucha información y yo lo único que hice fue escribir pero yo no comprendía que era lo que estaba sucediendo .

Lo que yo sentía era un dolor muy fuerte.

me atreví a preguntarle Doctora esta enfermedad le va a durar toda la vida o qué pasa con esta enfermedad explique me por favor, realmente qué es lo que va pasar

fue así como ella me dijo esta enfermedad afecta todo el sistema nervioso .

y así va poder el niño quedar en un estado vegetativo y después llegar a su fin.

yo no sabía de qué me hablaba yo no me imaginaba que esto iba ser tan grave yo salí llorando pero mi mente y mi corazón estaban desgarrados.

Nunca me imaginé que esto iba ser tan determinante.

tome a Charlie y lo Abracé fuertemente y nos fuimos llegué a la casa .

Al llegar a la casa reuní a mis hijas les conté lo que iba a pasar, ellas lloraron, todo era tan difícil de entender.

lo que hice fue ponerme a mirar en internet y busqué lo que pude.

Vi la película “aceite para Lorenzo” lloré mucho, porque era de un niño con el mismo diagnóstico de Charlie y sus padres lucharon y lucharon para alargarle la vida y este niño duró 10 años en estado vegetativo hasta que fallece.

yo oraba y le contaba a Dios y lo que le pedía era que el hiciera su voluntad porque nosotros realmente le pertenecemos solo a Él y que me dieran la sabiduría para poder seguir adelante. sin Dios yo no hubiera podido soportar nada de esto.

Y bueno...La Adrenoleucodistrofia hacía parte de mi familia, me veo obligada a convivir con ella y estaba consumiendo a mi hermoso Hijo.

pero todo se veía tan difícil, la situación era tan confusa, nunca habíamos vivido nada parecido.

para mí era importante contar, compartirlo que estábamos pasando, por lo que nos veíamos obligados a pasar.

De la nada estábamos atravesando por una situación tan dolorosa.

Pero que no fuera un secreto ni que fuera de vergüenza al contrario era una realidad por la cual pasábamos y yo sabía que necesitábamos ayuda.

No era Algo que yo tuviera que ocultar al contrario yo sentía que yo debía contar y compartir para que las personas conocieran de esta enfermedad y de lo que le podía suceder a un niño de un momento a otro.

Charlie había estudiado desde sus 2 años, en el Colegio estaban sus amigos, sus alegrías, sus sueños, sus mejores recuerdos.

Donde me sugirieron seguir llevando a Charlie que allá lo iban a ayudar Y acompañar y nos iban a apoyar hasta cuando se pudiera.

Después reunir a mis padres y a mis hermanos y les conté con lágrimas en mis ojos .

pero explicándoles que ésta había sido la voluntad de Dios que yo les contaba para que le diéramos mucho amor a Charlie y que Lo disfrutaran mientras Dios lo permitiera que él estuviera con nosotros.

Para nadie era fácil entender como la vida de Charlie se iba de un día para otro, lo normal es que un niño crezca y se realice.

Investigue qué era la **Adrenoleucodistrofia decía:** enfermedad hereditaria transmitida por el cromosoma X, esto significaba que sólo le daba los niños hombres a las niñas no les iba dar las niñas tienen la posibilidad de un 50% de posibilidad de que al querer ser mamás los hijos puedan nacer con la enfermedad.

Esta enfermedad afecta a los hombres porque sólo tienen un cromosoma X. les afectan de esta manera a todo el sistema nervioso y empieza como les voy a explicar con mis palabras lo que yo entendiendo .

aparecer entre los 4 y los 10 anos. La sustancia blanca del cerebro que cubre la materia gris se daña progresivamente y los síntomas empeoran con el tiempo.

la adrenoleucodistrofia de aparición en la niñez puede producir la muerte en cinco a diez años.

Era tan duro saber que Charlie iba a perder la vista, el oído, el control de su cuerpo, la capacidad para comprender, lo que se venía no se veía bien por ningún lado.

Yo sabía que tenía un dolor muy grande, mi corazón se quebró, era una labor que desconocía, quería estar al tanto de lo que iba a ocurrir, de esta dura situación, de esta terrible enfermedad que desconocíamos, que nos atemorizaba.

La realidad era que ya hacia parte de nuestra familia ya estamos viviendo con ella, ya hacía parte de nosotros.

No había nada más que hacer, no podíamos retroceder el tiempo.

De pronto sonaba cruel o muy duro, pero era mejor conocer lo que más se pudiera de esta enfermedad y de lo que estaba sucediendo y así sería más fácil saber con lo que teníamos que seguir viviendo.

Procure que su Padre y las Niñas continuaran con sus vidas normales, pero que fueran consientes de la realidad por la que estábamos pasando, sin ocultarles nada.

La realidad que debíamos sobrellevar, con Amor y Resignación.

Y Charlie... Él estaba pendiente de que pasaba con los resultados médicos, yo le dije que tenía un poco de grasa en su cerebro y que por eso estaba pasando lo que él sentía, pero que, con la ayuda de Dios, todo iba a mejorar.

Así trate de tranquilizarlo y que él pudiera tener una vida tranquila sin preocupación alguna.

Tomamos la decisión de que no regresara al colegio.

Charlie se sentía perdido, se sentía asustado, para su comodidad y tranquilidad pensamos que era lo mejor, que se quedará en la casa.

En Julio, Recordé que él tenía un gran sueño conocer la ciudad de Medellín, su estadio y su equipo de fútbol favorito, pues me propuse realizar este viaje, pudimos viajar junto a sus 3 Hermanitas. En Medellín teníamos unos amigos muy queridos y ellos nos ayudaron con todo.

Charlie pudo entrar al Club de Nacional su equipo favorito, le obsequiaron el uniforme, con la ayuda de grandes personas en esta ciudad nos acompañaron y nos ayudaron, para lograr este gran sueño.

Los jugadores le autografiaron la camiseta, fueron muy amables lo saludaron se tomaron fotos.

También fue a conocer el Estadio, fue tan bonito y emocionante,

Charlie estaba tan Feliz y me dijo “Mami me siento en un programa de televisión como cuando regalan casas, Estoy muy feliz este es el mejor viaje de mi vida!!!”

fue así como yo me daba cuenta que valioso era poder lograr una sonrisa de Charlie.

Nada tenía más valor para mi en ese momento, lo más importante era estar con Charlie.

Lo dejé con una joven que lo acompañara para que jugara con él para que lo acompañara, y estuviera pendiente de sus cosas.

Una mañana yo salía para mi trabajo y Charlie se sentada en un sillón de la sala y se despide de mí me dijo:

“Que te vaya bien, acá te espero” ...

cuando regrese en la tarde efectivamente Charlie estaba sentado en la misma silla y yo le pregunté qué porque estaba ahí , y él me respondió

“yo te estaba esperando”.

Mi dolor fue tan grande, como no me había dado cuenta que Charlie lo único que quería era realmente estar conmigo, Fue así como tome la decisión de quedarme con él en la casa y dejar mi trabajo.

Yo supe que lo hacía, llena de orgullo y de felicidad porque sólo poniendo primero la situación de mi Charlie.

Que era quien me necesitaba en ese momento , que ese tiempo, no tenía pago alguno, que si no lo hacía después no me lo iba a perdonar, que era algo que solo yo lo podía hacer como Madre..

Una Nueva Etapa para Todos...

Me dedique a cuidarlo , acompañar lo a disfrutar el tiempo junto a mi Precioso Charlie.

Trate de Estudiar todo lo de la enfermedad y así saber que iba a pasar, escribí a una fundación en España conté mi caso, pero lo que le respondieron era que no había nada que hacer que solo darle Cariño al Niño.

Le escribí a una Neuróloga en Estados Unidos, que conocía la enfermedad y ella me dio varias indicaciones y me explico un poco lo sé vendría más adelante.

Lo que decidí fue:

No voy a pensar:

Que Hizo Charlie ...

Ni Que No va a poder Hacer…

voy a disfrutarlo cómo está y cómo va a estar.

Así fue que me llene de ánimo de paciencia de deseos de hacer mucho por El.

Le instale una hamaca, para que jugara

.

Charlie se sentaba y silbaba muy fuerte, se mecía, lo disfrutaba, y sonreía mucho.

Empezó a aprender a tocar la guitarra, compuso canciones,

Charlie se reía mucho, y cada sonrisa de él me animaba a seguir adelante, a ser más valiente y darle más amor cada día.

Quiero contarles que Charlie nunca se quejó, Nunca reclamó,

Pero la Adrenoleucodistrofia no tardaba en hacer su trabajo.

Charlie lo primero que perdió fue su vista,

vivíamos en una casa de tres pisos, aprendió a desplazarse por la casa tomado de las paredes, subía y bajaba las escaleras, Charlie se sentía muy confiado.

Al mismo tiempo dejo de identificar el sonido del televisor y música solo identificaba nuestras voces.

Muy pronto empezó a perder la orientación, y no recordaba los espacios de la Casa y me preguntaba estoy subiendo? ¿O bajando?

La enfermedad seguía avanzando, sus huesos se iban debilitando le detectaron osteoporosis, lo cual ya complicaba más todo

Charlie estaba en riesgo de una caída o un golpe, sería muy grave.

Fue así como los médicos nos recomendaron mudarnos a un apartamento para mayor seguridad de Charlie

Así fue que en febrero del 2017, nos mudamos a un apartamento donde le adecuamos un cuarto el cual le llamamos el cuarto de juegos , le pusimos la hamaca, una piscina de pelotas, tapete de fomy , paredes con espumas, tenía una bicicleta estática una colchoneta,

Todo esto era gracias a personas muy lindas que nos regalaban estas cosas, muchas personas se conmovieron y nos brindaron ayudas para la comodidad y tranquilidad de Charlie.

Charlie se divertía mucho en su cuarto, hacía mucho ejercicio como buen deportista que era, él se divertía y se distraía, se sentía muy contento.

Lo cual era lo más importante para Nosotros.

Charlie era muy feliz y me decía :

"Mami gracias por estar conmigo".

"aprovecháramos el tiempo, porque Estamos en un receso".

yo nunca le conté la verdad de la enfermedad que padecía .

yo le decía que todo iba pasar , que eso era por un tiempo.

pero que debíamos disfrutar cada día .

Tenía terapias todos los días, terapia física terapia de lenguaje y terapia ocupacional,

Charlie las recibía como visitas y se divertía haciendo sus terapias.

Yo me sorprendía de ver la ternura y el Amor que Charlie nos daba a todos él gozaba de una calma y una tranquilidad que contagiaba a quien lo conocía.

Las recomendaciones médicas eran muy precisas:
La aproximación hacia Charlie debía ser de frente, diciendo el nombre de quien le habla, con la información táctil, tocando sus manos, para dejarle saber con quien está.
Todo el tiempo debíamos hablarle de manera clara y completa, y con entonación que reflejaran nuestros sentimientos.

Anticiparnos , hacerle conocer que sucedería .
Esta se debía tener en cuenta en todos los aspectos de la interacción con Charlie .
Era aconsejable usar siempre un signo especial que nos identificará o por ejemplo un objeto que al tocarlo, Charlie debía saber quien está ahí.

Durante todas las actividades se debía anticipar a Charlie con apoyos táctiles, auditivos y visuales, por ejemplo: hablándole, mostrándole un objeto, usado en la actividad o de manera táctil.

Cuando iba a comer describirle que había en el plató, facilitándole todo y ha cercándole la mano para que él supiera donde estaba la comida.
Si se iba a levantar, tocándole la espalda.
Si se iba a bañar dejarle sentir el agua antes de bañarlo.

Siempre anticipándonos a que vivamos hacer, una salida, una visita, todo debíamos describirle para que él se sintiera tranquilo y confiado.

En Marzo 5 era su cumpleaños ya el cumpleaños número 12 de mi Charlie y cómo cada año él quería estar junto a sus amigos, en el colegio nos colaboraron y. llevaron a 10 amigos.

Charlie se sentía nervioso que sus amigos vieran su cuarto de juegos , cuando llegaron sus amigos y empezaron a jugar con sus juguetes en el cuarto de juegos yo le iba contando que hacía cada uno.

Charlie se sonreía estaba muy feliz de saber que sus amigos también disfrutaban, de ese cuarto que para él era tan especial, fue un cumpleaños muy feliz .

A Charlie le asignaron una enfermera por 12 horas esto fue de mucha ayuda para nosotros, eran personas de gran apoyo.

Fuimos al colegio de visita, tres veces,

La Primera vez cuando llegamos al colegio se llevaron a Charlie para que estuviera solo con sus compañeros y sus profesores lo consintieron lo atendieron.

Charlie estuvo muy contento se tomó muchas fotos y quedo muy feliz, sus compañeros le tenían cartas, las cuales yo le leía varias veces y él se sonreía le daba mucha alegría saber que sus compañeros le expresaban tanto cariño.

La segunda vez le tenían organizado una fiesta para que saludara a todos los compañeros del salón él estuvo tan feliz y sonriente .

Era como si los escuchara como si los viera y disfruto cada momento con sus compañeros salimos del colegio y el salió muy cansado muy agotado quedó profundo,

pero yo solo veía la calma y la tranquilidad y sobretodo el amor que Charlie podía ofrecernos en cada momento esto era lo que nos daba fuerzas para seguir adelante.

La tercera visita ya fue con menos compañeros porque él se sentía Muy cansado entonces era con un grupo de niños más pequeño que el reconocía y quien le daba alegría que le hablara le tenían comida la que le gustaba lo acompañe lo consintieron y esto para Charlie fue muy importante.

Charlie me pidió que le ayudara con unas cartas, él quiso escribir una carta para cada uno de sus compañeros, con nombre propio y así fue como él tuvo la iniciativa .

entonces me dicto cada una de las cartas sus hermanas nos ayudaron, a escribirlas a decorarlas y se las llevaron sus los compañeros .

para los niños fue muy difícil saber que Charlie , no volvería , Ellos tampoco conocían la gravedad de la enfermedad entonces siempre esperaban que Charlie mejorara y regresaría al colegio.

Charlie aunque no veía él Comía solito, yo le llevaba a la mesa y le ponía la comida en un platico y le contaba que había y él disfrutaba su comida,

Preguntaba siempre: ¿quién cocinó hoy? Para felicitar al gran chef, estaba delicioso que talento en la cocina"

Esto era conmovedor, era tan reconfortante escuchar a Charlie expresar tanto agradecimiento por lo que se le diera.

En las mañanas me saludaba, poniendo sus manitas en mi cabeza y me decía" hoy amaneciste más hermosa "

Sin poderme ver, cómo podía ofrecer tanto amor, eso era mi motor para brindarle cariño, comprensión, yo dormía con él, lo acompañaba las 24 horas del día no quería que nada lo lastimara, le daba de comer lo que le gustaba .

Sus Hermanas le hablaban, le contaban cosas Charlie se reía y les ofrecía mucho cariño.

Adecuamos el baño para que fuera cómodo para Charlie y disfrutará sus baños.

Pudimos salir de vacaciones y le describíamos lo que pasaba, lo que había, nosotros éramos sus ojos y sus oídos, también éramos su apoyo para que él se desplazara con Tranquilidad.

¿Charlie me preguntaba mamita cuando se acabe este receso en que quieres trabajar?

¿El siempre preguntaba cómo estamos? ¿Qué necesitamos?

Él quería saber cómo estábamos todos, era como si él se preocupara por nosotros

Enero del 2018 se complicó todo Charlie no quería recibir comida, le daban fiebres muy altas,

Se sentía muy débil y agotado.

llegó el momento en que ya perdió la movilidad tenía que usar pañales.

yo nunca le dije que está usando pañales , yo solo le decía te voy a cambiar el pantalón .

¿Él me decía "ma tuve un accidente? ¿Qué pena contigo?"

Yo le decía no mi amor no pasó nada, vamos a bañarnos y trataba que disfrutara del baño, así le enseñaba a la enfermera que tuviera de turno que lo tratara igual.

Animábamos a Charlie a comer.

Empezamos el proceso de cuidados paliativos, ya empezó una etapa en la que le teníamos que poner medicamentos.

Yo veía cómo mi Hermoso Hijo se iba apagando como una velita.

Y no podía decaer tenía que ser valiente para toda mi familia, especialmente para Charlie.

Le comenzaron dolores muy fuertes y Charlie se quejaba que le dolía todo el cuerpo.

Le medicaron morfina ya no quería recibir comida, estaba agotado, verlo acostado, rendido, era tan doloroso,

Esto duro muy poco tiempo no más de una semana .

Fue así que el 27 de Abril llegó el momento final de la enfermedad, el día que Charlie partió, lo último que me dijo fue

" Ma "

Pude ver que mi Charlie se fue y descanso y que fue un Niño muy valiente, esforzado y lleno de Amor.

Gracias al Amor de Charlie fue más fácil pasar esta experiencia.

Estuvimos en este momento rodeados de amigos y familia, las personas fueron muy solidarias y nos acompañaron en este momento de despedida.

Yo les comparto esta historia , porque considero que la ADRENOLEUCODISTROFIA no termino con nosotros, no termino con nuestros sueños, no termino con nuestra ilusiones, nunca pudo acabar con nuestro amor, nosotros llevamos esta enfermedad pero no permitimos que la enfermedad nos dominara a nosotros.

Eso es lo que yo quiero compartirles quiero que les llegue a muchas personas que padecen por enfermedades cómo está.

Fue duro perverso doloroso pero No es imposible de llevar.

pueda que conocer mi historia y que de algo les sirva para llenarse de ánimo cada día que pasa , porque vale la pena.

De todo corazón les comparto :mi hijo estará siempre en mi corazón siempre lo llevo dentro de mí .

El me enseñó a ser valiente, paciente, a sonreír, y disfrutar lo que la vida nos va ofreciendo, marco mi vida .

La partida de Charlie dejo una gran enseñanza aprendimos tanto con su experiencia.

Hoy, Cuando un Hijo abraza a su Madre, la Besa y le expresa Su carillo , este Amor es realmente sincero desprendido , Es el verdadero Amor.

Cuando yo veo una escena de estas me lleno de recuerdos Hermosos de momentos tan lindos y quisiera poder expresarles Cual valioso son esos momentos, los cuales yo ya no puedo disfrutarlos sino En recuerdos.

Cuando a una Madre le dicen que su Hijo presenta una enfermedad terminal

No alcanza a imaginarse lo que se tiene que vivir,

Lo realmente importante y que es lo que yo les quiero compartir

Es que cada momento cada día es lleno de oportunidades

Y fue así como yo quise disfrutar cada día, sin pensar que iba hacer más Adelante o que había quedado atrás.

Solo mirando el presente y cada día, cada sonrisa que mi Charlie expresaba, era el pago, era la recompensa de lo que estábamos viviendo.

No les puedo decir que fue fácil, cada día era una sorpresa, pero siempre procure expresarle a Charlie que lo Amaba que estaba orgullosa de El que él era muy valiente, que era divertido eso lo emocionaba y él se sonreía.

Procure expresarle que las citas médicas las terapias eran divertidas que las disfrutáramos para llenarlo de

deseos de disfrutar lo que teníamos que vivir, aun yo sabiendo que no era fácil.

Procure que todo lo que lo rodeaba fuera lo mejor, que Charlie en su inocencia disfrutara la vida que nos tocó vivir.

La vida nos enseña a disfrutar los momentos, con enfermedad o sin enfermedad, con dinero y sin dinero, realmente la importancia de poder disfrutar del Amor es lo más valioso que podemos tener.

Lo primero es podernos amar a nosotros mismos como somos, con nuestras cualidades o con nuestros defectos, después de realmente aceptarnos y amarnos.

esto significa que cuido lo que como, que duermo bien que me arreglo para mi misma , y soy capas de mirarme al espejo y reconocer que soy una persona valiosa e importante para mí misma.

Así ya es más sencillo ofrecer Amor a las personas que nos rodean, y aprovechar cada oportunidad por que no sabemos hasta cuando estarán con nosotros, si yo partiré primero o alguien antes de mi.

Logrando expresar lo que sentimos ofreciendo verdadero Amor no quedarán resentidos ni remordimiento de por qué no hice? O por qué no dije?

El tiempo es tan corto, el tiempo es tan valioso, el tiempo es tan fugas que si hoy, ya , puedo expresar mi amor por alguien para que esperar.

Una sonrisa: que valiosa es

Un abrazo: que valioso es

Un beso: que valioso es

Por qué negarnos la oportunidad de poder darnos Amor y ofrecer amor a quien tenemos cerca.

No solo por que un día podamos partir, sino por que la vida pasa y los niños crecen y se se tendrán que ir, los ancianos llegarán a su fin, los jóvenes temen Ofrecer Amor y demostrar sus emociones por que no poderles dar ejemplo y poder ayudarlos, a que puedan disfrutar y que sepan lo valioso que es expresar nuestros sentimientos.

Nos consume el trabajo el estudio las obligaciones y no aprovechamos lo más valioso el poder dar y recibir amor del ser que nos acompaña, o que tenemos cerca.

La vida es de oportunidades las aprovechamos o las dejamos pasar...

Aprendamos a ver a esa persona que padece de una enfermedad ya sea terminal o por su desgaste normal de la edad con Respeto, brindándoles los cuidados y sobre todo el Amor .

Pudiéramos darnos cuenta y reconocer que el Amor es la mejor medicina .

Qué importante es compartir las situaciones no para inspirar lastima o para vernos como derrotados es para poder recibir la ayuda , la solidaridad de tantas personas.

Yo tuve la oportunidad de conocer por la enfermedad de Charlie a tantas personas , que en sus diferentes áreas nos pudieron tender la mano.

podemos aprender escuchando viendo otras personas, que bueno es poder compartir investigar, y así grandes experiencias nos podrán ayudar de pronto mi situación es más fácil o más difícil que otros pero es la que a mí le corresponde vivir.

Es tan importante permitirle a la persona o a nuestro ser querido que exprese sus idead, sus pensamientos, el ser escuchado , recordémosle lo valioso y amado que es, así mismo recordarle sus logros y así se animará y se sentirá que realmente hizo algo que valió la pena, a quien no le gustaría escuchar esto.

Si nos podemos distribuir las tareas y responsabilidades con las personas que nos rodean será más fácil, sin que sea un conflicto o una obligación, es muy importante que todos los seres cercanos, tengan la misma oportunidad de compartir con este ser querido.

Así mismo las recomendaciones médicas debemos compartirlas con las personas que nos desean, los cuidados y facilitar todo en nuestro entorno para bienestar de la persona que está bajo nuestro cuidado.

Si todos tenemos la misma información , evitaremos reclamos o decepciones.

Nadie puede obligarnos o recriminar cómo actuamos frente a una situación tan difícil como es el diagnóstico de una enfermedad terminal.

Es muy importante que el entorno que nos rodea se dé calma de tranquilidad sin conflictos sin discusiones.

Por qué con calma es más fácil sobrellevar una situación.

Tampoco es recomendable la indiferencia, que más valioso que poder decir yo hice.. yo me esforcé.. yo compartí..

Y si podemos dar ejemplo así todos será más fácil.

No dejemos para mañana es posible que no haya un mañana que lindo poder hacer lo ahora,... ya.

Hablar de la enfermedad es muy importante sin temores sin Pensar en el que dirán, que bueno es hablar desahogarnos expresarnos

Si sentimos deseos de llorar .. lloremos

Si tenemos deceso de callas... callemos

Qué importante es conocernos y saber quién de la familia es más valiente quien es más calmado quien es más eficiente y no dejarle la carga a solo una persona

Repartir las responsabilidades es de gran ayuda así podremos evitar el ayudador o acompañante permanente pase por una enfermedad debido al cuidado de su ser querido.

Las personas así estén pasando por dolores por tristezas necesitan compañía necesitan afecto necesitan una palabra de aliento.

Durante el tiempo de la enfermedad rodearnos de recuerdos alegres de recuerdos buenos de disfrutar lo que tenemos si hay escasees si hay abundancia aceptemos cómo debemos pasar este momento. esto finalmente, pasará.

Miremos lo realmente importante y evitemos personas tóxicas o negativas que el ambiente sea el más sano el más calmado y con tranquilidad esto le servirá mucho al enfermo como a quienes lo rodean .

Recordemos que primero debemos nosotros mismos cuidarnos para poder así poder ayudar a la persona que lo necesita.

El tiempo de la enfermedad puede ser largo o corto eso no depende de nosotros como lo vivamos si.

siempre levantarnos y mirar el hoy y dar lo mejor sin traer el ayer, o sufrir por el mañana.

Permitamos que nuestro ser querido comparta con quien quiera , que disfrute de lo que quiera y así podremos ayudarlo a sobre llevar estos momentos de dolor o dificultad, si podemos darle gusto en la comida, en salir en lo que esté era nuestro alcance, todo es valioso, y lo más lindo es lograr una sonrisa del ser que está padeciendo.

Cuando ya llega el momento de despedirnos y no los vamos a volver a ver, es tan difícil no existe una fórmula secreta de cómo debemos actuar, no sabemos quién lo hizo bien o quien lo hizo mal, todos somos tan diferente,

Algunos lloramos otros no, pero debemos respetarnos sin Juzgarnos ni criticarnos.

Es mejor el silencio, el tiempo va curando todo, algunas personas a mi me me decía. Con el tiempo va hacer más duro.

Pero bueno también aprender a escuchar y aceptarlo que nosotros queramos.

Queda el vacío, los recuerdos que bueno poder hablar del ser que partió con Alegría recordar lo bueno lo agradable eso siempre quedará en nuestros corazones.

Es muy importante poder hablar del ser querido que partió sin Temor sin timidez por que siempre tendrá el lugar que le fue dado en nuestra familia.

Si guardamos o regalamos sus cosas también es decisión de cada uno, todos pensamos Tan diferente, pero lo que decidamos estará bien.

Con quien compartimos este dolor también es decisión de cada persona, habrá quien no quiera hablar y habrá quien necesite hablar.

Nadie nos puede decir que es correcto o que es incorrecto por qué se siente un dolor tan Grande que nadie puede saber que sentimos.

En qué tiempo nos repondremos, tampoco se sabe pueda que pronto, cómo pueda que nunca nos repondremos .

Lo más importante es sentirnos bien con nosotros mismos para poder continuar con la vida que nos fue marcada y poder compartir con alguien que lo necesite.

Es así como fue para mi un gusto poderles compartir mi historia el vivir cada día con mi Charlie y ver cómo se apago como una velita, pero siempre rodeados de Amor .

MIX
Papier aus verantwortungsvollen Quellen
Paper from responsible sources
FSC® C105338
FSC
www.fsc.org

Printed by Books on Demand GmbH, Norderstedt / Germany